LA GUERRE

ET

LA BOURSE

Par M. Clément REYRE

ANCIEN SECRÉTAIRE GÉNÉRAL DE LA PRÉFECTURE DE POLICE

AUTEUR

de Qu'est-ce que le Retour à l'Empire ?

PUBLIÉ EN 1851.

LYON.

TYPOGRAPHIE ET LITHOGRAPHIE DE J. NIGON

Rue Dubois, 7.

1859.

LA GUERRE

ET

LA BOURSE.

Quelques paroles adressées par S. M. l'Empereur à l'Ambassadeur d'Autriche, à l'occasion des visites du premier de l'an, ont donné naissance à des craintes de guerre, à des inquiétudes dont on ne saurait se dissimuler la gravité. Depuis cette époque, l'opinion publique a été agitée sans relâche par les rumeurs qui ont été la suite d'une interpellation à laquelle avait été donné beaucoup de retentissement. Des alternatives d'espérances pacifiques et de chances présumées de guerre se sont continuellement succédé et servent encore, de jour en jour, d'aliments à tous les entretiens, de préoccupations à tous les esprits ; la Bourse a été profondément affectée, et la baisse qu'ont subie dans ce grand marché des capitaux toutes les valeurs a réagi d'une manière extrêmement fâcheuse sur toutes les transactions, sur toutes les opérations commerciales.

Voilà le fait qu'il est impossible de méconnaître.

Mais ces inquiétudes étaient-elles fondées ? sont-elles du moins en rapport avec les faits qui y ont donné lieu ?

I.

On peut d'abord s'étonner, à juste titre, que la seule crainte d'une guerre près de nos frontières, crainte fondée uniquement sur des bruits, sur des probabilités plus ou moins vagues, sur des interprétations toujours fort incertaines, ait paru impressionner plus vivement le monde financier que ne le fit, il y a quatre ans, la certitude d'une guerre lointaine qui nous forçait de porter à mille lieues de chez nous de nombreuses armées, qui devait nécessairement entraîner d'incalculables dépenses, et qui, en soulevant la grande question de l'avenir de l'Orient, dont depuis un siècle se préoccupe toute l'Europe, semblait devoir amener une conflagration générale.

Cependant les alarmes qui se sont manifestées dans ces derniers temps, ont paru plus sérieuses que celles qui s'étaient produites en 1854. A en croire les organes des intérêts financiers, et ce sont surtout ceux qui ont élevé la voix, la prospérité publique et l'avenir du pays seraient bien plus gravement compromis par une guerre qui s'allumerait aujourd'hui, qu'ils n'ont pu l'être à l'époque que nous venons de rappeler.

On a évoqué les souvenirs des coalitions contre la France ; on s'est plu à rappeler, à côté de la gloire que les merveilleuses guerres de l'Empire nous ont léguée, les malheurs dont, lors de ses revers, le pays a été frappé; on a cherché à faire entendre que l'Empereur se laissait entraîner par l'esprit guerrier et la passion des conquêtes, si souvent reprochés à son oncle. Dans cet ordre d'idées, on a été conduit à effrayer les intérêts sur des éventualités qu'on présentait comme imminentes ; on s'est efforcé de grossir les obstacles qu'en cas de guerre la France aurait à vaincre, et on n'a pas craint d'amoindrir, par des insinuations au moins timides, la force que donnent à l'Empire français son passé, son présent, sa noble politique, son organisation compacte, sa puissance militaire.

Qu'y a-t-il donc de fondé dans ces craintes fomentées par des intérêts de bourse plus encore que par des inimitiés politiques ? Qu'est-ce qu'il y a de vrai dans ces appréciations, plus aveugles peut-être, plus ignorantes encore qu'hostiles ?

II.

On ne saurait sans doute établir aucune similitude entre la situation actuelle de la France, et celle qui lui était donnée lors de l'érection du premier Empire.

Napoléon succédait immédiatement à une révolution qui avait ébranlé le monde entier, qui avait renversé toutes les bases de l'ordre social. Il avait comprimé l'anarchie, mais il était toujours, aux yeux de l'étranger, le représentant de la révolution française, parce que il avait consacré ce que ses aspirations avaient eu de légitime. Les Gouvernements européens étaient encore sous l'impression du sentiment de terreur que leur

avaient inspiré les principes de la Révolution française,
et ils ne pouvaient se défendre d'une crainte vague,
d'une répulsion invincible contre tout ce qui venait
d'une nation dont les violents efforts vers la liberté
les avaient naguère fait tous chanceler sur leurs trônes.

C'est cette situation équivoque, on n'en saurait
douter, qui a successivement poussé NAPOLÉON aux
guerres auxquelles son règne a emprunté tant d'éclat.
Le succès, les enivrements de la victoire, les fautes de
ses adversaires, les justes motifs de représailles qu'ils
lui ont trop souvent fournis, ont bientôt conduit ce
grand homme au rôle de conquérant, et le représentant de la Révolution française est, de plus, devenu pour
l'Europe un ambitieux aspirant à la monarchie universelle. A ce double titre se sont de toutes parts ac-
cumulées contre lui les défiances, les haines, les dé-
fections, sous les coups desquelles, grâce à l'hiver sans
antécédents de 1812, il a fini par succomber.

De même que son oncle, NAPOLÉON III a, aux yeux
de l'Europe, le mérite d'avoir comprimé l'anarchie,
d'être le véritable champion des idées d'ordre et d'autorité ; mais, séparé par plus d'un demi-siècle de notre
grande Révolution, il n'en a rien après soi, ni en réalité
ni en apparence, et il n'y a pas moyen pour les esprits
les plus timorés ou les plus prévenus de trouver en lui
la moindre affinité avec la terrible époque dont les
excès et les crimes avaient si justement, de 1791 à
1794, porté l'effroi dans tous les pays civilisés.

III.

Son nom, du moins, peut-il réveiller les craintes de monarchie universelle ? Peut-on voir en lui le successeur de l'ambition imputée au chef de sa dynastie, le représentant du système qui, justifié ou non par les faits, tendait à étendre partout la domination de la France, et avait fini par exciter chez tous les Gouvernements européens une hostilité acharnée ?

Cette crainte pouvait peut-être préoccuper quelques esprits lorsque le nouvel empire a été proclamé, et c'est sans doute à une pareille défiance qu'il faut attribuer l'hésitation que plusieurs grandes puissances mirent dans le temps à reconnaître Napoléon III pour Empereur. D'ailleurs, sa seule apparition en France, mais surtout sa promotion au trône impérial, étaient la plus flagrante violation de ces traités de 1815 qu'on s'efforce aujourd'hui de nous représenter comme l'Arche sainte à laquelle on ne saurait toucher sans sacrilége.

Toutefois ce sentiment de répulsion, qui alors pouvait peut-être se justifier et s'appuyer sur une sorte de droit, a été loin de prévaloir, et l'Europe entière a reconnu le rétablissement de l'Empire français et l'élévation sur le trône impérial de Napoléon III, de l'héritier du héros qu'elle n'avait pas craint de proscrire de même que toute sa race !

Depuis ce grand évènement, quelques faits sont-ils venus faire revivre la défiante hostilité que l'Europe pouvait alors nourrir encore contre nous ? C'est tout le contraire qui a eu lieu, on ne saurait le méconnaître, et la politique impériale a été constamment ferme, conciliante, élevée, loyale, désintéressée, et de nature à conquérir partout de justes sympathies.

La guerre d'Orient a surgi : c'était une grande épreuve ; d'inextricables complications semblaient devoir en être la conséquence. Qu'en est-il résulté ?

Les armées françaises ne pouvaient sans doute manquer d'y recueillir de nouveaux lauriers ; l'héritage de notre gloire passée s'est maintenu intact, et s'est accru dans de nobles proportions.

Mais la paix qui a terminé cette guerre gigantesque n'a-t-elle pas été le plus éclatant témoignage du rôle glorieusement pacifique que la France s'attribuait désormais dans les destinées du monde ? Son Gouvernement n'a-t-il pas prouvé qu'il n'aspirait dans sa politique extérieure qu'à étendre la civilisation, qu'à défendre les éternels principes de la raison et de la justice, qu'à protéger partout les droits nationaux ?

Cette paix a été si désintéressée pour la France, que beaucoup d'esprits jaloux y ont vu matière à blâme et ont trouvé par trop chevaleresque qu'en échange des énormes sacrifices qu'elle s'était imposés en Orient et du sang précieux dont elle avait arrosé les champs de la Crimée, aucun avantage réel, aucun dédommagement n'eût été stipulé pour l'Empire français.

Mais qu'on ne s'y trompe pas :

9

La France a recueilli en Orient plus que des lauriers,
plus que des conquêtes : son influence et sa grandeur
réelle s'y sont prodigieusement élevées, et elle y a ainsi
trouvé la plus noble, la plus effective revanche des hu-
miliations de 1815.

La guerre l'y a vengée de la Russie, et l'a replacée
devant cette grande puissance dans une position d'éga-
lité et d'estime réciproque qu'elle avait perdue.

L'alliance avec l'Angleterre a eu le singulier et incontestable résultat de grandir comparativement la
France, bien plus que ne l'aurait fait une guerre heu-
reuse entre ces deux séculaires rivales. Le rôle qu'ont
joué en Orient notre armée, notre marine, notre
administration, a excité une universelle admiration, qui
en Angleterre a donné place à des sentiments d'envie
mal déguisés ; et les faits ont prouvé avec éclat, en Crimée, que la France, longtemps ennemie de la Grande-
Bretagne, aujourd'hui son alliée, avait acquis une puissance toute nouvelle, qui la rendait bien redoutable
pour des luttes futures.

Il n'est pas jusqu'à la neutralité cauteleuse et em-
barrassée de l'Autriche qui n'ait donné à la France,
contre cette dernière, une sorte de revanche du passé.
Si la guerre de Crimée n'a coûté à l'Autriche ni
hommes ni argent, elle a perdu dans ce conflit sa considération ; elle y a perdu l'alliance de la Russie, naguère si salutaire pour elle et qui a fait place à un pro-
fond ressentiment. Quelques efforts qu'elle fasse encore

aujourd'hui pour retirer profit d'une guerre à laquelle elle n'a pas contribué, à quelques habiles manœuvres qu'elle se livre, soit pour s'emparer de la navigation du Danube, soit pour chercher à étendre son pouvoir sur les provinces arrosées par ce grand fleuve, il est impossible d'admettre que la diplomatie européenne et surtout l'influence française permettent à l'Autriche de recueillir en définitive, des évènements que nous avons vus s'accomplir dans ces derniers temps et pour prix de sa douteuse inertie, des avantages qui présenteraient une sorte de scandale, en regard du rôle actif et glorieux rempli par les alliés pendant la guerre, et devant l'abnégation de la France lors de la conclusion de la paix.

Quoi qu'il en soit, si la France, sans retirer de la guerre de Crimée des avantages matériels compensant ses sacrifices, y a trouvé, par la gloire et la considération acquises, de nobles dédommagements du passé, il est bien évident du moins que sa participation désintéressée à ces grands événements repousse tout soupçon d'ambition territoriale de sa part, et ne permet à aucune puissance de conserver désormais quelques inquiétudes sur le retour du Gouvernement français à des pensées de domination universelle.

Ainsi, sous le point de vue général et par la saine appréciation des grands faits de l'époque que nous sommes appelés à traverser, il n'y a aucune guerre de coalition possible contre la France ; il n'y a aucun motif, aucun prétexte pour que l'Empire français excite maintenant par son existence, ses actes ou ses tendances, les craintes et les hostilités de la grande famille européenne.

Paris concentre sans doute plus spécialement dans son sein les arts, la littérature, le goût, les développements du luxe, les merveilles de l'industrie, les bienfaits et les jouissances de la civilisation ; et, sous ce rapport peut-être, il est la capitale de l'Europe. Mais cette suprématie toute intellectuelle ne saurait donner prise à l'envie et à la défiance : elle ne fait qu'attirer de toutes parts les hommes qu'appelle en France la réunion des avantages de la civilisation la plus développée ; elle provoque graduellement chez toutes les nations des imitations de nos mœurs, et, loin de nous fomenter des ennemis, elle n'a ainsi que le résultat pacifique de créer partout des sympathies à notre caractère national.

IV.

Mais si, de ces considérations générales, nous descendons à l'appréciation de la situation politique respective des diverses puissances européennes, nous trouverons des motifs bien plus péremptoires encore de nous tranquilliser à l'endroit de la crainte d'une guerre générale dirigée contre la France.

Une alliance intime nous unit à l'Angleterre. Mais ce qui doit nous rassurer plus encore de ce côté, c'est la position réelle que les événements qui se sont développés depuis quelques années ont faite à cette puissance, laquelle a sans doute bien assez des embarras qui lui sont propres, pour ne pas éviter avec grand soin de s'en créer de nouveaux.

La plaie de l'Inde n'est pas guérie ; elle saignera longtemps encore , si elle ne se rouvre pas plus profonde que jamais.

Le percement de l'isthme de Suez , que ne saurait empêcher désormais l'opposition du Gouvernement anglais, odieuse parce qu'elle est contraire aux intérêts et aux vues de tous les peuples civilisés , la création de cette nouvelle voie appelée à être pratiquée par toutes les nations, à concentrer presque exclusivement sur son parcours les relations de toutes les parties du monde entre elles, menace l'Angleterre de perdre en grande partie la suprématie commerciale, source de sa puissance. Le canal de Suez, en enlevant à Londres, pour le placer dans les divers ports de la Méditerranée, l'entrepôt des marchandises provenant des Indes, de la Chine, du Japon, de l'Australie, ou destinées à ces vastes contrées, fera peut-être contre l'Angleterre ce que la découverte du cap de Bonne-Espérance fit jadis contre la puissance vénitienne , si longtemps prépondérante par son monopole commercial.

Un autre danger, non moins menaçant, entrave la marche du Gouvernement anglais : c'est la réforme qui le presse , qui semble désormais inévitable , dût-elle être graduelle ; mais qui, une fois mise en pratique dans une mesure quelconque, ne saurait manquer d'avoir les plus graves conséquences pour les destinées futures de l'Angleterre. Il est, en effet, bien difficile de ne pas entrevoir, dans la réforme et dans les circonstances politiques qui la provoquent, la perspective d'une sorte de révolution sociale, fatale peut-être à la tranquillité intérieure de la Grande-Bretagne, mais lui imposant, dans tous les cas, des préoccupations assez graves pour absorber et user son énergie.

L'Angleterre représente, sans contredit, une admirable nation ; sa grandeur politique, si peu en rapport avec le peu d'étendue de son sol, sa puissance, l'influence qu'elle a su conquérir sur l'univers entier, offrent un des plus magnifiques spectacles qu'ait jamais présentés l'histoire. Mais cette puissance, parvenue dans ces derniers temps à son plus haut point de prospérité, n'est-elle pas un peu factice ? ses bases sont-elles solides ? ses développements même ne trahissent-ils pas une dangereuse fragilité ? n'est-elle pas, en un mot, arrivée au moment où commence la décadence successive ?

Nous sommes, en France, loin de le désirer. Nous voyons toujours, quant à présent, dans la puissance anglaise, un admirable résultat de la civilisation, des institutions politiques, des progrès et des triomphes de l'intelligence humaine ; nous respectons dans l'Angleterre le siège et l'asile des idées libérales. Mais il nous est permis de penser que les obstacles qui semblent embarrasser la marche ultérieure du Gouvernement de cette grande nation lui font une loi de ne pas rechercher une guerre avec la France, guerre désormais bien dangereuse pour sa puissance, parce que la France, mieux qu'à aucune autre époque, serait en mesure de la soutenir victorieusement.

La Russie, si longtemps hostile à la France pendant tout le règne du roi Louis-Philippe, a entièrement changé à notre égard. La guerre a eu pour résultat de faire naître entre l'armée russe et l'armée française, comme entre les deux nations, une estime réciproque et une sympathie, bientôt partagées par les deux Souverains. Les mêmes vues politiques les animent ; dans les Conseils naguère appelés à régler les destinées de l'Europe, la France et la Russie ont constamment marché de concert ; elles semblent dans l'avenir devoir le faire toujours, parce qu'il ne peut guère surgir maintenant de sujet de contestations entre ces deux grands empires, parce que leurs intérêts sont les mêmes, parce que leurs Souverains paraissent ne vouloir lutter désormais que dans la carrière des améliorations sociales. Napoléon III d'un côté, Alexandre II de l'autre, animés par le désir ardent de faire participer de plus en plus leurs vastes états aux avantages de la civilisation, aux progrès matériels, partage de notre époque, ne veulent vis-à-vis les autres nations, que protéger leur indépendance, encourager aussi chez elles le développement des bienfaits de la paix, et n'employer jamais leur influence et leurs forces que contre ce qui leur paraîtrait menacer le repos et l'avenir de l'Europe.

Ainsi, de ce côté, de la Russie, ce n'est qu'un loyal concours que la France aurait à attendre, si quelque conflit s'élevait.

Quant à l'Italie, il n'est pas sans doute nécessaire de rappeler que toutes les sympathies nous y appartiennent ; que c'est vers la France que, dans leurs vœux d'affranchissement, se tournent les espérances de toutes les populations italiennes si longtemps presque françaises, et que tant de liens et de souvenirs nous rattachent.

L'Espagne, maintenant vivifiée par les capitaux français, absorbée, soit par les luttes inévitables qu'entraîne chez elle l'établissement d'un Gouvernement parlementaire pour lequel la nation espagnole était peut-être moins préparée que toute autre, soit par ses efforts pour regagner dans la carrière des améliorations matérielles le temps que lui ont fait perdre de trop longues dissensions civiles, l'Espagne ne nourrit plus pour nous que des sentiments de bon voisinage et de loyale sympathie, et ne saurait manquer de suivre les inspirations de la politique française.

Il en est de même des puissances scandinaves, de la Suède, du Danemarck, alliées séculaires de la France, et que de nouveaux liens, de nouveaux intérêts rattachent plus que jamais à sa politique.

Reste l'Allemagne, et c'est de ce côté-là surtout qu'on s'est efforcé de faire entrevoir des chances de guerre, de faire croire à des vues hostiles, en cherchant à établir une étroite solidarité entre l'Empire autrichien et tout le grand Corps germanique. Quels que soient les efforts faits dans ce sens, il est permis de croire qu'au fond il n'y a rien de sérieux et de vrai dans la prétendue excitation passionnée contre la France, qu'on s'est plu à représenter comme un renouvellement du mouvement national de 1813. Les interdictions de ventes de chevaux et autres démonstrations aussi innocentes n'ont pas grande portée : on peut n'y voir que le fruit des déclamations de quelques gazetiers faméliques aux gages de l'Autriche, ou des efforts, pour se donner une sorte d'importance, de quelques membres obscurs des nombreuses assemblées politiques qui occupent tant bien que mal l'Allemagne de leurs débats.

C'est par des considérations d'un autre ordre qu'il faut chercher à apprécier les dispositions réelles de l'Allemagne.

Que tout ce qui pourrait toucher à l'indépendance de ce grand Corps, altérer sa constitution fédérale, porter atteinte aux intérêts communs de ses membres, excite vivement la susceptibilité de toutes les Puissances, grandes et petites, qui forment l'association germanique, rien de plus naturel, rien de plus légitime. Mais à qui fera-t-on croire que l'Allemagne, qu'on nous représente comme guidée surtout par le sentiment de la nationalité, comme dominée par la volonté ombrageuse et absolue de protéger, de défendre l'unité, la liberté de la Confédération allemande, puisse être entraînée à une guerre qui aurait pour but unique d'aller combattre ailleurs que chez elle la nationalité dont elle est si jalouse pour elle-même, de proscrire, par exemple, soit chez les Italiens, soit chez les Roumains, ces aspirations d'indépendance et d'existence propre qui ont servi de base à son association, et qui sont le principe de sa force ?

Evidemment, cela n'est pas possible, et tout ce qu'on a dit de l'irritation de l'Allemagne est controuvé ou prodigieusement exagéré. Et s'il était vrai que, grâce aux excitations de la presse autrichienne, les idées de guerre nationale contre la France eussent fait invasion dans les esprits de quelques bons Allemands prenant au hasard 1859 pour 1813, la réflexion et le développement des faits ne manqueraient pas de ramener promptement à la vérité et à la raison les opinions égarées de quelques hommes appartenant à une nation que le bons sens a toujours spécialement caractérisée.

Il n'est pas jusqu'à la Confédération helvétique dont on n'ait voulu faire dans ces derniers temps un épouvantail. Certain article ignoré ou oublié des traités de 1815 neutralisait, dans un but difficile à apprécier aujourd'hui et au profit apparent de la Suisse , quelques districts de la Savoie. La ligne de démarcation tracée par l'article 20 du traité du 20 novembre 1815, suivait une partie de la rive septentrionale du lac du Bourget.

On est venu dire gravement que la Suisse ne permettrait pas, en cas de guerre, le passage des troupes françaises par le chemin de fer Victor-Emmanuel, qui longe aussi le lac du Bourget; et on n'a pas même craint d'assurer qu'une délibération dans ce sens prohibitif avait été prise par la Diète fédérale, qui serait plus scrupuleuse aujourd'hui qu'elle ne le fut lorsqu'en 1813, malgré la neutralité proclamée et protégée par NAPOLÉON, elle ouvrit spontanément le pont de Bâle à l'invasion de la France.

Jusqu'à quel point le chemin de fer Victor

Emmanuel, qui, établi en grande partie dans le lac même du Bourget, serait au moins placé sur la lisière extrême de la limite tracée en 1815, pourrait-il être considéré comme compris dans cette limite? C'est peut-être une question; mais c'est une question bien oiseuse, et nous avons peine à croire que la Diète fédérale s'en soit sérieusement occupée. Car tout le monde sait que les routes militaires pour entrer en Savoie passent par le Pont-Beauvoisin ou par Montmélian, et que, pour suivre ces routes, même d'après les traités de 1815, qu'on se plaît tant à rappeler, les armées françaises n'auraient pas besoin de la permission de la Suisse (1).

Il faut donc reconnaître que toutes les alarmes qui, dans ces derniers temps, ont agité le pays, n'ont point de fondement réel, en ce qui touche du moins la probabilité d'une guerre générale et la possibilité d'une coalition contre la France.

V.

Le désaccord du Gouvernement français avec la politique autrichienne sur quelques points, la chance lointaine que la difficulté de s'entendre sur ces points n'amenât une guerre entre les deux Empires, voilà tout

---

(1) Nous apprenons que la Suisse, loin d'accepter le rôle ridicule que lui prêtaient les alarmistes, demande que la limite de la zone neutralisée en Savoie soit modifiée et notablement rapprochée de Genève, de manière à laisser le chemin de fer Victor-Emmanuel fort en dehors de cette limite.

ee qu'il y avait et tout ce qu'il y a de vrai au fond, voilà le fait constant, le fait sur lequel l'Empereur avait cru devoir s'expliquer avec autant de franchise que d'élévation.

Mais ce fait en lui-même n'avait, certes, rien d'effrayant pour la France.

Il a toutefois été exploité avec acharnement; il est devenu le pivot sur lequel roulent, depuis plus de deux mois, toutes les inquiétudes qu'on s'est efforcé de propager, et les interprétations dont il a été l'objet sont la cause incontestable du malaise général qui, dans ces derniers temps, a semblé paralyser les affaires commerciales et compromettre tous les intérêts.

Est-ce la malveillance qu'il faut accuser de cet état de choses ? Est-ce aux partis vaincus qu'il faut attribuer ces appréciations pusillanimes ou passionnées des actes d'une politique aussi ferme que calme ?

VI.

A notre avis, le mal que nous signalons doit être imputé à la Bourse, ou plutôt à l'organisation tout-à-fait aléatoire de ce grand marché qui devrait être le régulateur des capitaux, l'asile ouvert aux produits de l'épargne, l'auxiliaire sérieux de la véritable industrie, le soutien des finances de l'Etat, et qui, plus qu'à aucune autre époque, est surtout devenu une immense maison de jeu vers laquelle sont attirées de toutes parts, par tous les moyens, toutes les classes, toutes les fortunes, toutes les convoitises.

La Bourse, nous le savons, n'est pas tenue à du patriotisme ; les écus n'ont point de nationalité, et nous n'avons pas oublié que l'immense désastre de Waterloo, en jetant l'effroi dans la France, provoqua une hausse énorme à la Bourse de Paris.

On ne manquera pas de dire qu'il ne faut pas rechercher à la Bourse des démonstrations politiques, mais que son langage est l'expression de l'opinion publique sur la portée des événements, et surtout sur les conséquences qu'ils peuvent avoir pour les intérêts financiers. On dira que la hausse ou la baisse sont indirectement la mesure de la confiance ou de l'inquiétude qu'inspirent les actes du Gouvernement, mais que la baisse est toujours un fait incontestable, indiscutable, et que prétendre la blâmer ou l'empêcher, c'est vouloir imposer au public une confiance qui lui échappe ; on dira que, lorsque se manifeste ce qu'on appelle en terme de bourse une *panique*, il faut se borner à y reconnaître la preuve d'un blâme public, ou du moins d'une inquiétude générale qu'on ne saurait maîtriser ; on dira, en un mot, que l'état plus ou moins fâcheux de la Bourse est toujours un effet et non pas une cause.

Eh bien, nous croyons fermement que, dans les circonstances actuelles, c'est tout le contraire qui s'est produit !

Nous sommes convaincu que ce sont surtout les manœuvres pratiquées à la Bourse qui ont développé et propagé des inquiétudes, qui ont donné aux intérêts commerciaux et à l'esprit public les fâcheuses impressions dont on se préoccupe avec raison, et dont on ne saurait contester la gravité.

En effet, y a-t-il eu dans ces derniers temps, comme nous l'avons vu à d'autres époques, alarme véritable de la part des intérêts sérieux ? Les capitaux se sont-ils retirés de la circulation ? Y a t-il eu, même à la Bourse, une panique réelle, une panique générale ? Une baisse notable sur toutes les marchandises, signe inévitable d'une défiance générale, a-t-elle affecté·nos marchés commerciaux, nos villes de fabrique ?

On ne saurait le reconnaître.

Les capitaux sont d'une abondance excessive ; l'intérêt est partout très bas ; les opérations commerciales ont sans doute vu notablement diminuer leur activité, mais c'est sans secousse, sans cause inhérente à leur nature même.

La Bourse a baissé, voilà la grande affaire, et c'est ce qui a fait naître des inquiétudes qui n'existaient pas !

Il faut avouer en effet que la Bourse a pris une importance extrême, et que tout ce qu'on a fait depuis vingt ans pour attirer autour de ce grand tapis vert tous les intérêts et toutes les intelligences a eu un déplorable succès. Comment en douter, à voir l'inquiète et ardente curiosité qui se manifeste pour connaître les moindres variations de la Bourse de Paris, même parmi les classes qui devraient y rester les plus étrangères ? Comment se défendre de quelque effroi lorsqu'on considère la foule assiégeant les bulletins affichés, qui publient journellement ces variations, comme ils annonçaient jadis les grands évènements? lorsqu'on cherche à deviner les émotions qui agitent ces joueurs de tous les rangs, de tous les jours? La fureur du jeu semble avoir pénétré profondément dans toutes les couches de la société, et y avoir porté au plus haut degré le dégoût des occupations sérieuses et réellement productives. Ce symptôme, qui n'avait été reconnu que passagèrement à des époques dont sont restés les plus tristes souvenirs, est devenu permanent : il caractérise l'état normal de la société actuelle, et il explique la toute-puissante influence que les variations de la Bourse ont usurpée sur tous les intérêts, sur toutes les opinions.

Ce qui donne à cette situation une importance capitale, c'est que l'action de la Bourse de Paris s'est prodigieusement étendue, même au dehors. Ce ne sont pas seulement les intérêts français, les finances françaises qui y sont en jeu, et si, sous quelques rapports, le concours des capitaux portés à l'étranger fortifie l'influence de la France, peut-être aussi faut-il y reconnaître le grave danger de créer chez nous, dans quelques circonstances, et notamment dans celles que nous traversons, des intérêts tout à fait anti-nationaux.

Quoi qu'il en soit, l'état de choses que nous signalons est incontestablement le grand mal de notre temps, celui qui appelle l'attention du pouvoir et doit préoccuper tous les véritables amis de la civilisation et de la morale publique.

Et c'est précisément parce que la Bourse est devenue en quelque sorte la principale affaire de notre époque, parce que son influence s'étend sur la société tout entière, qu'une sollicitude sérieuse doit être portée sur son action, et que des mesures propres à empêcher que cette action n'ait rien de factice semblent aujourd'hui nécessaires.

En effet, quelle a été dans ces derniers temps la marche de la Bourse ? comment s'est accomplie la baisse qui a été à la fois la cause et le résultat des alarmes semées par la spéculation, et dont le contre-coup a affecté tous les intérêts commerciaux ?

Sont-ce les véritables porteurs de titres, les capitaux sérieusement confiés à la foi publique, qui se sont effrayés, qui se sont hâtés de manifester leur défiance en vendant des valeurs sur la solidité desquelles les probabilités de guerre leur inspiraient des craintes ?

Nullement !

Ce sont presque exclusivement les joueurs, les vendeurs à terme, qui, spéculant sur les alarmes qu'ils propageaient par tous les moyens possibles, écrasaient constamment les cours par d'énormes ventes à découvert. Ces ventes devaient leur donner d'énormes bénéfices, si les éventualités qu'ils se plaisaient à prédire se réalisaient ; mais ne devaient pas être moins fructueuses pour eux, s'ils parvenaient à faire naître partout des inquiétudes qu'ils ne partageaient probablement pas, mais qui n'étaient à leurs yeux que des ruses de jeu, des combinaisons plus ou moins habiles.

Car, il faut bien le remarquer, dans tous ces derniers temps, pendant que nous avons vu de jour en jour la rente baisser progressivement par des ventes à terme, des achats réels au comptant ne cessaient pas de s'effectuer par les petites bourses, par les économies, par les capitaux véritables ; et en effet, depuis deux mois, d'après les journaux financiers, les prix de la Bourse au comptant sont presque constamment supérieurs à ceux qu'elle constate pour les ventes à terme, c'est-à-dire pour les ventes à découvert.

Le véritable public ne partage donc pas les inquiétudes qu'on a tant fait d'efforts pour lui inspirer, et on peut dès-lors dire que le langage de la Bourse a été menteur, et que, loin d'exprimer l'opinion publique, il n'a été que le fruit de manœuvres pratiquées par des spéculateurs visant exclusivement à des bénéfices de jeu.

Mais si, d'une part, on ne peut méconnaître le mal qu'a produit pour les intérêts généraux l'impulsion de baisse donnée dans ces derniers temps à la Bourse de Paris ; si on considère qu'elle a servi d'argument pour influencer les décisions gouvernementales sur l'attitude politique à faire prendre à la France ; si, d'autre part, il est constant que ce mouvement de baisse, loin de traduire l'opinion réelle du pays sur les événements, n'a été que l'expression des manœuvres des joueurs spéculant sur les alarmes dont ils étaient les artisans, n'y a-t-il pas lieu à chercher quelques remèdes contre un état de choses qui depuis longtemps appelle l'attention des hommes sérieux, mais dont les circonstances actuelles révèlent de la manière la plus éloquente tous les dangers ?

Souvent s'est manifestée la pensée d'établir, pour les opérations de Bourse, une distinction effective entre les affaires réelles et le jeu.

A ceux qui voudraient réformer ce que les opérations de Bourse ont d'essentiellement aléatoire, on a toujours répondu que le jeu était le principe même de ces opérations; que la faculté d'opérer sur des valeurs fictives, en attirant les grands capitaux, faisait du jeu le plus puissant agent du crédit, et que l'Etat, ayant lui-même besoin de recourir fréquemment au crédit public, ne pouvait se priver de ce qui en était le principal levier.

Ce qui se passe sous nos yeux depuis plusieurs mois, prouve de la manière la plus évidente que le jeu est aussi nuisible pour le crédit public que pour les fortunes particulières , aussi propre à embarrasser parfois les vues politiques du Gouvernement, que contraire aux lois de la morale. N'est-il pas incontestable, en effet , que si le jeu à la Bourse n'était pas non-seulement abandonné à lui-même , mais encore encouragé par toutes les tendances, favorisé par une aveugle tolérance, les fonds français n'auraient pas, à beaucoup près, subi la lourde dépréciation qui les a frappés ?

Toutefois, est-il possible d'empêcher le jeu ?

La jurisprudence ne reconnaît pas les marchés à terme. Mais ce n'est là qu'une digue impuissante, un principe anormal en lui-même, susceptible des interprétations les plus capricieuses, et dont l'application n'a servi jusqu'à présent qu'à protéger la mauvaise foi , qu'à propager le mal même qu'on voulait proscrire.

Ne pourrait-on pas interdire d'une manière absolue à MM. les Agents de change de vendre des valeurs qu'ils n'ont pas entre les mains, qui n'ont pas été mises d'une manière effective en leur pouvoir ?

Il nous semble que cette simple mesure suffirait pour diminuer notablement les opérations fictives et, par conséquent, pour modérer largement la fureur du jeu. Elle serait d'ailleurs conforme aux prescriptions du sens commun. On achète ce dont on a besoin ; on vend ce qu'on a et dont on veut se défaire. Mais vendre ce qu'on n'a pas, semble contraire aux principes les plus élémentaires des transactions entre les hommes. Personne, que nous sachions, ne s'avise de vendre des terres ou des maisons qu'il ne possède pas. Interdire les ventes qu'on appelle à découvert, pour des valeurs publiques qui, par leur mobilité même, offrent à la fois plus de chances à la mauvaise foi et moins de garantie aux capitaux, ne serait-ce pas, loin d'entrer dans des voies exceptionnelles, revenir aux vrais principes ?

Ajoutons que, comme corollaire, de l'interdiction de vendre des valeurs n'existant pas entre les mains des vendeurs, arriverait la validité des ventes à terme s'appliquant à des valeurs réelles. Car tous ceux qui achètent peuvent calculer d'avance l'époque à laquelle ils seront en mesure de payer ; et rien n'est plus légal qu'une transaction de cette nature, si le vendeur consent à accorder le terme qu'on lui demande.

Les opérations de Bourse prendraient ainsi un caractère sérieux et réel, qu'elles sont loin d'avoir. On enlèverait en même temps, et à la mauvaise foi la possibilité de se soustraire à des engagements pris par elle, sous le prétexte qu'ils ne sont pas sanctionnés par la loi, et à l'Autorité judiciaire l'embarras d'apprécier le caractère de marchés qui souvent entraînent de sa part des décisions contradictoires, après des discussions toujours scandaleuses.

VII.

Mais, quoi qu'il en soit de cette grande question financière, que nous ne traitons ici que fort accessoirement et qui nous semble impérieusement soulevée par l'attitude que la Bourse a prise dans ces derniers temps et par l'influence qu'a eue son action sur la situation générale comme sur les intérêts commerciaux, nous ne saurions trop répéter que cette attitude a été mensongère et ne représente nullement la véritable opinion publique.

Qu'à Paris, siége suprême de la Bourse, qu'à Paris où tant d'intérêts sont liés aux abus qu'elle entraîne, tout ait été employé pour influencer les décisions du Gouvernement impérial, en présentant l'abaissement des fonds publics comme l'expression fidèle des inquiétudes et de l'opinion du pays ; que, dans nos grandes villes commerciales, le temps d'arrêt imprimé aux affaires par le contre coup des alarmes semées à la Bourse, ait inspiré à des intérêts fort respectables, des appréciations exagérées, des craintes plus ou moins vives sur l'éventualité d'une guerre comme sur ses conséquences, si elle s'allumait réellement ; nous le comprenons.

Mais, à notre avis, il ne faut voir là ni un jugement de l'opinion publique sur les faits qui s'accomplissent, ni l'expression des sentiments de la Nation sur la direction politique suivie par l'Empereur.

Désirer aveuglément la guerre, n'entre certainement dans l'esprit de personne. La France est si bien placée pour apprécier et recueillir les fruits de la paix, qu'il est impossible qu'on n'y attache pas partout et dans toutes les classes un grand prix au maintien de cette paix générale si utile à tous les intérêts, si propre au développement de la civilisation et de la prospérité publique.

Mais il s'en faut bien que la France ait une répulsion instinctive contre la guerre, et surtout contre une guerre qui pourrait toucher à son honneur ou à ses intérêts. On se rappelle, au contraire, combien de fois a été articulé contre le roi Louis-Philippe le reproche de *vouloir la paix à tout prix*, reproche que certes son Gouvernement n'a jamais justifié, mais auquel il serait bien plus impossible à un Napoléon de s'exposer.

Notre Nation est essentiellement militaire; le courage, la valeur, les hauts faits y sont admirés plus que partout ailleurs, et les récits guerriers y excitent, parmi les classes populaires surtout, un intérêt qui domine presque tous les autres. Quels que soient les avantages qu'offrent à la société les développements de l'industrie et du commerce, il faut se garder de contrarier et même de ne pas entretenir chez nous les dispositions guerrières que nous signalons.

Elles font la puissance et l'importance des nations, et l'histoire nous apprend assez que toutes celles chez lesquelles l'invasion du luxe et les habitudes du bien-être matériel ont graduellement affaibli le goût des exercices militaires, et qui ont été conduites par l'accroissement immodéré des richesses à confier la défense du pays à des stipendiés, ont rapidement vu disparaître et leur suprématie et leur prospérité. Cette absence d'une armée vraiment nationale est peut-être une des plaies de l'Angleterre, et nous devons nous féliciter d'être, sous ce rapport, dans une situation toute contraire.

Souvenons-nous-en, ce que le règne du roi Louis-Philippe a fait de plus habile et de plus utile, c'est certainement la guerre d'Afrique, qui permettait, tout en maintenant la paix de l'Europe, d'entretenir l'esprit militaire familier à la nation, qui offrait un aliment au besoin d'exploits guerriers dont sont animées nos populations, et qui nous a conservé une armée active, une armée glorieuse, une armée discipli-née, sans laquelle, plus tard peut-être, l'anarchie n'au-rait pu être vaincue.

Ces considérations empruntent encore plus de poids aux circonstances actuelles.

Dans l'état de la société, devant le goût exclusif du lucre à tout prix qui s'étend de jour en jour et me-nace de descendre des hautes classes jusqu'aux plus infimes, c'est surtout au sein de l'armée que semblent devoir se réfugier plus spécialement les sentiments d'honneur et de nationalité. Loin donc de blâmer ce qu'il est permis d'appeler en plaisantant du *chauvinisme*, il est bon peut-être de l'entretenir dans une sage proportion.

VIII.

La perspective d'une guerre , d'une guerre que le Gouvernement de l'Empereur jugerait nécessaire, ne saurait inspirer de l'effroi à nos populations.

Une guerre contre l'Autriche aurait même, il n'en faut pas douter, une sorte de popularité.

L'Autriche a laissé de bien tristes , de bien cruelles impressions chez tous les hommes qui ont assisté à la chute de l'Empire et qui portent un cœur français. C'est sur elle que retombent les souvenirs les plus poignants de nos désastres ; c'est à elle que nous pardonnons le moins les traités de 1815 , et ce sentiment de répulsion a pénétré jusque dans les rangs les plus modestes de la société : car c'est , il faut le dire, dans les classes populaires que la nationalité a encore les plus profondes racines ; c'est chez elles que le cosmopolitisme a fait le moins de progrès.

Aux yeux du bon sens des masses, d'après les appréciations de la morale vulgaire, mais droite, qu'elles appliquent aux grandes comme aux petites choses, le rôle de l'Autriche, en 1813 , a été celui d'un homme qui,

voyant tout-à-coup un ami attaqué par trois malfai-
teurs, se réunit à eux pour prendre part à ses dé-
pouilles. Dans la conduite de l'empereur François II,
en 1815, elles ne voient qu'un père barbare, foulant
aux pieds, pour satisfaire son ambition, tous les sentiments de la nature, arrachant à un gendre, dont il
avait vivement sollicité l'alliance, et son épouse et son
fils, et ne craignant pas de condamner au plus cruel
des exils, à une mort lente, loin des siens, sous un
climat meurtrier, un monarque qui deux fois lui avait
rendu son trône !

Ces appréciations sont sévères, peut-être injustes ;
mais, il faut le reconnaître, elles sont générales parmi
nos populations. C'est le grand enseignement qu'elles
ont puisé dans les récits d'une époque héroïque, que
tant de souvenirs, tant de monuments historiques,
tant d'images vulgaires retracent incessamment à
toutes les imaginations.

Depuis 1815 il ne s'est certainement produit aucun
fait de nature à rendre à l'Autriche, dans l'opinion
publique de la France, la considération qu'elle y avait
incontestablement perdue. La conduite cauteleuse de
cette Puissance pendant la guerre d'Orient, ses prétentions dans toutes les négociations qui ont suivi la
guerre, n'ont pu sans doute lui faire attribuer récemment un rôle de loyauté et de franchise que n'avait
jamais révélé son passé.

Quoi qu'il en soit, que l'Autriche soit bien ou mal
dans l'opinion publique de la France, que celle-ci ait

conservé contre elle des griefs , ce n'est certes pas un motif pour lui faire la guerre ; et nous sommes loin de trouver là des raisons qui justifient une agression, qui puissent porter à renoncer aux avantages de la paix féconde dont nous jouissons , et à poursuivre le redressement de torts en quelque sorte prescrits par le temps bien plus encore que par les traités,

Nous avons seulement voulu établir que si une guerre surgissait contre l'Autriche, elle serait accueillie avec une secrète satisfaction par le sentiment national ; et que l'espoir ou plutôt la certitude d'y trouver une revanche éclatante et utile d'un passé qui pèse encore sur nous, la rendrait éminemment populaire.

IX.

Mais comment cette guerre pourrait-elle éclater ? Quels sont les points sur lesquels l'EMPEREUR n'est pas d'accord avec la politique autrichienne ? Quels dissentiments divisent la France et l'Autriche ?

Au premier rang, il faut mettre ce qu'on est convenu d'appeler la question italienne.

Une autre cause de dissension, non moins grave peut-être , se présente dans la situation faite aux Provinces danubiennes.

Ces deux questions ne nous touchent pas sans doute d'une manière absolument directe ; et si la France

devait se renfermer dans une politique purement per-
sonnelle, pour ainsi dire; si elle n'avait qu'à jouir de
son bien-être matériel actuel, sans se préoccuper de
l'avenir, sans s'efforcer de conserver sur l'Europe
l'influence qui lui appartient à tant de titres; si, renou-
velant l'époque amèrement caractérisée par l'histoire,
où la politique française laissait sans mot dire s'accomplir le partage de la Pologne, elle pouvait comme alors
s'abstenir de toute intervention sur le sort et la situation de la grande famille européenne, ce serait le cas
d'invoquer la devise rendue célèbre par M. Dupin :
Chacun chez soi, chacun pour soi.

Mais il n'en peut être ainsi, et personne ne saurait
aujourd'hui soutenir sérieusement une pareille thèse.

X.

Comment surtout pourrait-on l'appliquer à l'Italie qui
nous touche, à l'Italie presque française à tant de titres,
à l'Italie si souvent arrosée de notre sang, à l'Italie sur
laquelle nos Rois ont longtemps fait valoir des droits
antérieurs à tous ceux qui ont été invoqués depuis;
à l'Italie qu'une longue série d'éclatantes victoires,
qu'une suite de traités solennels avaient placée sous
notre domination, ou plutôt sous notre patronage?

Non, la France ne peut être indifférente au sort
de l'Italie. Elle n'aspire point à la dominer; elle ne
veut y trouver aujourd'hui aucun accroissement de
son propre territoire; mais elle doit désirer que, comme

toute l'Europe, l'Italie jouisse des avantages de la nationalité, et, en participant elle-même aux bienfaits de la paix, au bonheur qu'assurent aux peuples civilisés des institutions appropriées à leurs besoins et basées sur leur indépendance, garantisse à ses voisins qu'aucune nouvelle commotion ne viendra troubler la paix publique et arrêter le développement de la prospérité générale.

Or, quelle est la situation de l'Italie? Est-il possible que cette situation se prolonge sans violente secousse, sans catastrophe, si aucune modification n'est apportée à un état de choses vraiment intolérable?

Le contraire n'est certainement pas douteux pour quiconque a parcouru l'Italie septentrionale.

La haine profonde qui y règne contre le joug autrichien, et qui n'est que trop justifiée par l'oppression pesant sur tous les intérêts, sur toutes les pensées, sur toutes les aspirations patriotiques, ne saurait manquer de provoquer, tôt ou tard, une explosion d'autant plus redoutable qu'elle sera plus longtemps comprimée.

On cherche toujours à confondre les dispositions hostiles des populations italiennes contre l'Autriche, avec les projets anarchiques du parti subversif auquel Mazzini a donné son triste nom; on nous représente constamment tout ce qui se dit, tout ce qui se fait dans la vue de l'affranchissement de l'Italie, comme exclusivement dû aux manœuvres de cette faction anti-sociale, réduite partout à l'impuissance, mais qui semble conserver encore quelque vitalité dans les provinces italiennes.

Mais on oublie que c'est précisément la situation politique de ces belles contrées qui donne encore quelque force aux hommes, débris du grand parti révolutionnaire, dont les doctrines, les actes et les projets avaient naguère bouleversé presque toute l'Europe et porté partout le trouble et l'effroi. Le joug sous lequel gémit l'Italie, l'Italie autrichienne surtout, est pour eux un prétexte qu'ils savent exploiter; et ils trouvent dans le malaise des populations, dans la haine dont elles sont animées contre leurs oppresseurs, dans les souffrances de la nationalité brisée, un terrain propre à recevoir leurs semences de désordres et de crimes. C'est sous ce point de vue surtout qu'il serait à désirer que l'organisation politique de l'Italie fût modifiée. Le repos de l'Europe serait mieux assuré, et elle se trouverait de plus en plus garantie contre le retour des tentatives anarchiques auxquelles elle a été récemment en proie, si la situation précaire de l'Italie n'était pas en quelque sorte un auxiliaire naturel, un point de départ, pour les provocateurs de bouleversements sociaux; si, en un mot, n'existaient pas là un foyer d'incendie et des aliments propres à étendre au loin la conflagration dont il serait le principe.

Mais, nous dit-on, les traités de 1815 ont donné à l'Autriche l'Italie supérieure. Ces provinces font désormais partie de la monarchie autrichienne; elles y sont incorporées d'une manière absolue, et l'Europe est garante de leur soumission. Les plaintes des

Italiens ou des Italianissimes, comme on se plaît à les appeler, sont d'ailleurs exagérées, et, loin d'obéir à des excitations intéressées et factieuses, ils devraient se résigner et se soumettre sans murmurer à un Gouvernement qui ne manque ni d'habileté ni de lumières, et à une organisation territoriale que toutes les Puissances européennes ont solennellement sanctionnée !

Les traités de 1815 avaient aussi donné la Belgique à la Hollande, ou plutôt avaient réuni ces deux contrées que d'anciens souvenirs historiques semblaient destiner à former un seul Etat, et les avaient incorporées l'une à l'autre sans donner, pour ainsi dire, aucune suprématie à l'une des deux parties du nouveau royaume qu'on créait. Toutefois, des principes de division n'avaient pas tardé à se manifester ; et on se souvient qu'en 1830, à l'exemple de la révolution qui venait de renverser du trône de France la branche aînée des Bourbons, et à l'issue d'une représentation, sur le théâtre de Bruxelles, de la *Muette de Portici*, éclata une violente insurrection, à la suite de laquelle les troupes hollandaises furent forcées d'évacuer le territoire belge.

Les griefs de la Belgique contre la Hollande étaient loin d'être aussi fondés, aussi enracinés que ne l'est en Italie la répulsion contre la domination autrichienne. La nationalité était bien moins compromise ; la vie politique, l'appréciation de ses propres besoins avaient été soigneusement conservées à la Belgique. Les puissances alliées s'émurent vivement de cette violation si manifeste des traités de 1815, d'autant plus offensante pour elles que ces traités étaient encore récents, ou du moins n'avaient pas subi la longue épreuve du temps qui, en amenant partout des changements, peut justifier tous ceux que des besoins nouveaux semblent commander.

Toutefois, que se passa-t-il ? Quel fut, dans cette grave conjoncture, le rôle de la France ?

Elle venait d'échapper à une révolution qui avait affaibli tous les ressorts du Pouvoir ; son influence politique était compromise, ses forces militaires réduites. Cependant elle n'hésita pas, sous un Gouvernement qu'on n'a jamais taxé de témérité, et qui, au contraire, a été souvent en butte à des reproches opposés, elle n'hésita pas à prendre fait et cause pour l'insurrection qui lui demandait assistance ; à braver, pour assurer l'indépendance absolue de la Belgique, l'opposition de toute l'Europe ; à venir, en face des armées de l'Allemagne entière et des menaces de la Russie, assiéger et prendre Anvers, dernier boulevard resté au pouvoir de l'occupation hollandaise, et énergiquement défendu par son armée !

Si des faits analogues se manifestaient aujourd'hui en Italie ; si une explosion insurrectionnelle, fomentée par une trop longue oppression, en chassait la domination autrichienne, Napoléon III ne pourrait-il donc pas, ne devrait-il pas faire ce que fit Louis-Philippe ? Après avoir épuisé tous les moyens diplomatiques pour prévenir un danger qu'il sait prévoir et apprécier ; après s'être efforcé d'obtenir pacifiquement, en faveur de l'Italie, des modifications que l'avenir ne saurait manquer de conquérir par la violence, l'empereur Napoléon III devrait-il donc être lié par un respect aveugle pour des traités qui ne peuvent être rappelés à la France sans raviver ses douleurs, sans renouveler le souvenir de ses désastres, des traitements rigoureux, des dépouillements que ces tristes traités consacrèrent? Si l'Italie, luttant contre les nombreuses armées autrichiennes, cherchant, malgré l'inégalité de ses forces improvisées devant une grande puissance militaire, à recouvrer et son indépendance et sa nationalité, venait tendre vers la France des mains suppliantes, Napoléon III pourrait-il les repousser? pourrait-il, en les renvoyant froidement aux traités de 1815, condamner la Lombardie et la Vénétie à rester éternellement sous le joug tudesque?

Il est difficile de l'admettre, et, dans cette hypothèse, sans doute nous pourrions être appelés à une guerre en Italie.

C'est seulement ainsi que la France pourrait y être entraînée, et, devant les franches déclarations de l'Empereur, il n'est pas permis de croire qu'il songe, dans aucun cas, à prendre l'initiative devant des événements qu'il peut prévoir et qu'il ne veut pas provoquer.

Mais une guerre en Italie contre l'Autriche, dans ces conditions, pourrait-elle exciter quelques craintes? Ne serait-elle pas au contraire, par les gages assurés de succès qu'elle présenterait, une nouvelle occasion pour la France de réparer son passé et de reconquérir plus que jamais, et cette fois sans les sacrifices énormes que nous a coûtés la chevaleresque guerre de Crimée, le noble rôle d'influence civilisatrice, auquel seul elle aspire désormais ?

XI.

En dehors de la situation de l'Italie, il est une autre question à laquelle peut-être l'opinion publique n'a pas attaché toute l'importance qu'elle comporte, et dont la solution pourrait bien aussi avoir la guerre pour conséquence.

C'est l'avenir des Provinces danubiennes.

L'indépendance et la réunion nationale de la Moldavie et de la Valachie qui, depuis un siècle, ont si souvent servi d'enjeu aux débats de la Russie et de la Porte, semblaient devoir être le résultat nécessaire et rationnel de la guerre d'Orient.

Soustraire enfin ces contrées chrétiennes au joug ottoman qui, quoique renfermé dans des limites étroites, pèse encore lourdement sur elles ;

Diminuer ainsi l'étendue de cet empire turc qui s'écroule de toutes parts et qui, restreint dans des bornes plus resserrées, repoussé sur les contrées où la religion et les mœurs lui sont moins antipathiques, conserverait peut-être une vitalité qui lui échappe ;

Créer entre l'Autriche et la Russie un état indépen-

dant, appelé par sa position à se développer, à s'étendre et à devenir ainsi une barrière utile contre les
agressions du Nord, jadis si redoutables pour l'Occident
et qui peuvent le devenir encore :

Telles devaient être sans doute, suivant les vœux de
tous les hommes s'intéressant à ces grandes questions,
les conséquences de la guerre portée en Orient, les con-
quences de la glorieuse paix appelée à la terminer.

Le Gouvernement français, dans une publication
officielle qui, dans le temps, excita vivement l'attention
de toute l'Europe, proclama hautement ses vues sur ce
grave sujet, et, parut poser en principe qu'il lui semblait
au moins impossible de ne pas consacrer l'union absolue
de la Moldavie et de la Valachie.

Mais bientôt se manifesta une sourde opposition
contre la noble et désintéressée prétention que l'Empereur annonçait avec toute l'autorité que lui donnait la
victoire.

Que le Gouvernement turc, ne comprenant pas sa
faiblesse, fît de vains efforts pour conserver sur les principautés danubiennes, une souveraineté nominale,
source d'embarras continuels pour lui, et crût avoir
quelque intérêt à empêcher qu'il ne s'élevât sur la rive
gauche du Danube un état libre et indépendant : on
pouvait s'y attendre. Mais le cabinet autrichien auquel,
pendant la guerre, on avait eu la condescendance de
permettre l'occupation neutralisée des deux Provinces
en question, et qui s'était sans doute complu à entrevoir dans cette occupation essentiellement provisoire

le gage d'une possession définitive, se fit aussitôt l'auxiliaire de la Porte, dans la résistance de celle-ci à la
réunion. La Russie, au contraire, qui pouvait voir dans
la formation d'un nouvel état placé contre ses frontières une démonstration hostile ou du moins défensive,
parut cependant s'associer complètement aux vues
élevées de la France. La question dut être portée devant le Congrès appelé à formuler les conditions défini-
tives de la paix, et elle a été l'un des principaux objets
de ses délibérations, celui qui a motivé dans son sein
le plus de discussions et de débats. On dut voir avec
étonnement l'Angleterre, qui avait d'abord paru parta-
ger sur cette question l'opinion de la France et de la
Russie, se ranger ensuite à l'avis de la Turquie et de
l'Autriche ; et nous n'avons pas à rechercher les motifs
de ce revirement.

Mais, quoi qu'il en soit, la diplomatie française, pous-
sant au plus haut degré le rôle de conciliation qu'elle
s'était attribué, et déterminée par le désir de montrer
à l'Europe combien ses vues étaient dégagées de toute
personnalité et de tout esprit de domination, renonça
à la réunion absolue, qui d'abord avait été son drapeau,
et consentit à adopter un système mixte, qui, tout en
soumettant les deux Principautés à un régime sembla-
ble, laissait subsister entre elles une apparente sépara-
tion politique, et conservait à chacune d'elles une
existence propre, une sorte d'individualité.

On avait surtout fait valoir, pour arracher cette
concession à la France, que la réunion n'était réellement pas désirée dans les Provinces mêmes dont on s'oc-
cupait, et que la véritable opinion publique comme les
intérêts y étaient contraires.

Mais qu'est-il arrivé ?

Quoique les émissaires turcs et autrichiens, agissant de concert, aient fait de grands efforts pour chercher à dominer les élections auxquelles les deux Provinces étaient conviées pour nommer leurs Souverains temporaires, la cause qu'ils voulaient faire prévaloir a d'abord complètement échoué en Moldavie , où la presque unanimité des suffrages a appelé au poste élevé de Camaïkan un candidat auquel on n'avait pas paru songer jusque-là , le colonel Coudza , entièrement dévoué au parti national de la réunion.

Bientôt un échec plus significatif et plus imprévu encore est venu déjouer tous les artifices de la politique autrichienne. L'Assemblée électorale de Valachie , après quatre jours de débats préparatoires , dans une séance solennelle dont le caractère dramatique ne trouve peut-être pas d'exemple dans les annales des Corps délibérants, a tout-à-coup , sur la proposition improvisée d'un membre faisant un éloquent appel à la concorde et à l'esprit de nationalité , proclamé à l'unanimité pour Camaïkan de Valachie le même colonel Coudza, auquel, peu de jours auparavant, l'élection de la Moldavie avait conféré le même titre pour cette dernière province ! Toutes les vues particulières , toutes les ambitions personnelles se sont ainsi patriotiquement effacées devant une manifestation qui démontrait de la manière la plus énergique combien l'union intime et absolue des deux Provinces, préconisée dès le principe par la France, répondait aux vœux des populations Roumaines.

Ce fait, fort extraordinaire sans doute , a singuliè-
rement dérouté toutes les chancelleries. On a soulevé
la question de savoir si les deux Provinces qu'on avait
voulu laisser distinctes pouvaient, en l'absence de toute
prohibition textuelle, choisir le même Souverain.

Une nouvelle conférence des Puissances signataires
du traité de Paris est appelée à trancher cette question. Dans cette grave circonstance , on n'en saurait
douter, ce n'est pas à une interprétation grammaticale,
plus ou moins contestable, que se bornera l'au-
guste réunion ; elle verra surtout, dans ce qui s'est
passé , la démonstration la moins équivoque du besoin
qui, dans les Provinces danubiennes, domine tous les
esprits, d'une réunion consacrant leur nationalité ,
leur donnant de la force et leur promettant l'importance nécessaire au rôle que l'avenir les appelle à
jouer parmi les nations européennes. Sans doute, on
trouvera dans l'élection du même Camaïkan pour les
deux Provinces la preuve de la sagesse des vues manifestées dès le principe par l'empereur Napoléon ; on
sera forcé de reconnaître que les allégations sur les opinions du pays , dont on s'était servi pour combattre le
système français, étaient dépourvues de fondement, et
on sanctionnera la double nomination qui doit nécessairement conduire à la réunion complète des deux
Provinces.

Mais s'il arrivait que, dans le Congrès, les voix de
l'Autriche et de la Prusse, des deux Puissances qui
précisément n'ont pris aucune part à la guerre ,
vinssent, lorsqu'il est question d'en régler les consé-

quences , donner une majorité numérique à l'opinion contraire à la réunion , faudrait-il s'incliner devant cette trompeuse majorité? La France et la Russie , sur une question où leurs intentions se sont montrées aussi élevées que désintéressées , et lorsque les faits ont si hautement justifié leurs appréciations , se laisseraient-elles imposer des prétentions qui ne sauraient désormais être colorées par aucun prétexte et qui trahiraient évidemment des vues envahissantes, non moins hostiles aux intérêts de toute l'Europe, que contraires aux légitimes vœux de nationalité et d'indépendance émis avec autant d'éclat que de persévérance par les Provinces Roumaines?

Une guerre pourrait donc surgir à cette occasion, et notre honneur national y serait engagé au plus haut degré, bien qu'il s'agisse de contrées éloignées de nos frontières. Qui donc pourrait s'étonner que, dans cette circonstance, NAPOLÉON fit briller le drapeau de la France et le tint à la hauteur où l'a glorieusement replacé la campagne de Crimée ?

Mais une guerre dans de telles conditions, une guerre dans laquelle la Russie serait appelée à être notre alliée, pourrait-elle exciter des inquiétudes sérieuses ? pourrait-elle laisser quelques doutes sur son issue ? pourrait-elle altérer en rien la prospérité matérielle dont nous jouissons ?

XII.

Toutes les considérations que nous venons de développer, nous conduisent à conclure :

Que les alarmes répandues dans ces derniers temps, ont été prodigieusement exagérées ;

Qu'elles sont surtout dues aux manœuvres de la Bourse et aux ventes fictives effectuées par les joueurs ;

Que ce qui s'est passé à cet égard démontre la nécesssité de réformer peut-être l'organisation de la Bourse , mais surtout de mettre d'une manière quelconque, et notamment par le moyen que nous avons indiqué, un frein à la fureur du jeu qui semble envahir d'une manière permanente toutes les classes de la société ;

Qu'une guerre générale, qu'une guerre de coalition contre la France, est désormais impossible ;

Qu'une guerre contre l'Autriche, soit qu'elle fût provoquée par l'état de l'Italie, soit qu'elle fût amenée, de concert avec la Russie, par la situation des Provinces danubiennes, ne serait nullement à redouter ;

Qu'elle aurait, au contraire, un caractère incontestable de popularité ;

Et que, si l'on doit toujours désirer dans l'intérêt de l'humanité que les efforts pour maintenir une paix honorable soient couronnés de succès, peut-être cependant ne serait-il pas à regretter que l'Autriche, aveuglée par ses orgueilleuses prétentions, se refusât aujourd'hui à des concessions que tout lui commande et qu'un avenir prochain ne saurait manquer de lui arracher.

Lyon, le 20 mars 1859.